LA LOVANGE ET L'VTILITÉ DES BOTTES.

Par le Cheualier ROZANDRE.

A PARIS,
Chez ROBERT DAVFRESNE, demeurant à la Place Maubert, vis-à-vis du Sauuage.

M. DC. XXII.

AV
BRAVE ROZANDRE.

GRand Esprit à qui les mortels
Deuroient esleuer des autels,
L'œuure que tu mets en lumiere,
Fait voir que tes moindres effors
Dessus vne pauure matiere
Bastissent des discours pleins de riches tresors.

Ce que ton beau liure nous dit
Met les bottes en tel credit,
Que veu leur chaussure commode,
Les plus mignons d'entre les Dieux
En veulent porter à la mode,
Pour monstrer comme ils sont Gentils hommes des Cieux.

Le destin se meurt de soucy
D'en auoir de peau de Roussy,
Laissant son antique sauatte,
Et le temps qui marche si doux
Auec ses pantoufles de natte,
Desire estre botté tout de mesme que nous.

Poursuiuant vn dessein nouueau
Qui s'est éclos en mon cerueau,
Ie veux aussi donner des bottes
A chacun des pieds de mes vers,
Afin qu'ils se sauuent des crottes,
En courant le galop parmy cet Vniuers.

PANPHILE.

LA LOVANGE ET L'VTILITÉ des Bottes.

E toutes les inuentions qui ont iamais esté treuuees pour l'ornement & pour la commodité des corps des hommes, il n'y en a point de plus estimable que celle des bottes; Et veritablement nous deuons à iuste raison accuser de negligence & de stupidité ceux qui se sont meslez de faire l'histoire ancienne, pour n'auoir point laissé par escrit, qui fut celuy qui mit premierement en vogue vne telle chaussure, afin que la posterité en conseruant la memoire, luy donnast vne eternelle

loüange. O que nos predeceſſeurs eſtoient ſimples de ne ſe point ſeruir d'vne choſe ſi proffitable, que quand ils alloient par les champs, ſe contentans d'aller en houſſe par la ville; & que nous ſommes bien plus auiſez d'en vſer en tout temps, non ſeulement à cheual, mais encore à pié. Car ſçauroit-on treuuer quelque choſe de plus commode pour eſpargner les bas de ſoye à qui les crottes font vne guerre continuelle, principalement dedãs la ville de Paris, qui à cauſe de ſa boüe fut appellée premierement Lutece? N'y a-t'il pas vn Prouerbe qui dit, que verolle de Roüen & crotte de Paris ne s'en vont iamais qu'auecque la piece? Mais ſi l'on veut paſſer plus auant, n'eſt-ce pas vn grand auantage que de paroiſtre Cheualier eſtant botté, encore que l'on n'ayt point de cheual, d'autant que ceux qui vous voyẽt s'imaginent que voſtre monture n'eſt pas loin? Auſſi chacun a-t'il les yeux deſſillez pour connoiſtre combien les bottes ſont neceſſaires: de ſorte qu'elles ſont entrees en vn credit incomparable, & que l'on les estime comme vne partie essentielle du Gentil-homme; Nous suiuõs en cela les Romains, qui portoient vn brodequin, appellé en leur langue *Corhurnus*, lequel couuroit la jambe iusqu'au dessous du genouïl, & laissoiẽt porter aux Roturiers vne petite bottine nommee *Soccus*, qui venoit iusqu'à la cheuille du pied, de mesme que nous laissons les souliers pour les hommes de basse estoffe. Vn Gentilhomme estranger s'esmerueilloit vn iour où il pouuoit croistre en France assez de foin & assez d'auoine pour nourrir les cheuaux de tant d'hommes qu'il voyoit bottez à Paris, mais l'on luy remonstra pour mettre son esprit en repos, que les cheuaux des persõnes qu'il auoit veuës, estoiẽt bien aysez à nourrir. Si les bottes eussent esté autre fois en vsage à Rome comme elles sont à Paris, & si l'on y eust reconnû les vtilitez qu'elles apportent comme l'on fait icy, on leur eust indubitablement dressé vn Temple plus superbe que celuy de Diane en Ephese, sur l'autel duquel eust esté vne Deesse bottee & esperonnee qui eust eu pour ses Prestres & pour ses Sacrificateurs, les Cordonniers de la sauaterie (s'il est vray qu'il y en auoit vne en cette ville-là) & les victimes eussent esté des vaches que l'on eust escorchees pour faire des bottes de leur peau ; & n'y a point de doute qu'il se fust rendu là des Oracles plus certains que ceux qui se rendoient au Temple d'Apollon en Delphe. Mais il n'est pas besoin que nous dressions des Temples pour ces belles bottes auec des pierres, ny auec des marbres, puis que tout le monde leur a fait vn temple de son cœur où elles sont reuerees, sinon autant qu'elles meritent, au moins autant qu'il est possible ; Ioinct que chacun les porte continuellement à ses pieds, si bien qu'il y a tel qui a passé plus de trois annees sans marcher autrement que botté ; Et cela se fait pour paroistre plus braue Cheualier & plus accoustumé à la fatigue, & pour estre tousiours prest à monter à cheual. Les Cheualiers de la table ronde n'estoient-ils pas tousiours armez, de sorte qu'il sembloit que leurs cuirasses fussent collées sur leur dos? Les anciens Centaures n'estoiēt-ils pas tousiours mōtez à cheual, & ne s'y tenoiēt-ils pas si fermement qu'il sembloit que ce ne fust qu'vn corps que celuy de leur monture & le leur, & que pour ce sujet les Poëtes ont feint qu'ils auoient esté moitié hommes & moitié chevaux? Pourquoy n'aurons nous pas aussi quelque chose qui témoigne nostre courage, & que nous sommes tousiours en volonté de monstrer combiē nous cherissons le plus noble exercice qui soit entre les hommes? Nous auōs rencontré vne facile maniere de paroistre, ie suis d'auis que nous ne la quittions iamais, & que nous commencions par là à faire voir que nous ne sommes pas si inconstans que les estrangers nous font. Que diroient-ils si nous ostions le credit aux bottes que nous leur auons iustement baillé? quand quelqu'vn est mort en vne bataille, nous disons, *Il y a laissé les bottes*, cōme si elles estoient le vray seiour de l'ame du Cauallier, & si elles y habitoiẽt autant, voire d'auantage que dedans le corps; & ſans mentir nous ne nous trompons aucunement, car le Cheualier doit auoir l'ame dedãs ſes bottes, afin de manier ſon cheual à tous propos, ſelon les occaſions qui ſe preſentẽt, & bien ſouuẽt il ne tiẽt que d'elles le ſalut de ſa vie. Apres auoir connû vne verité ſi aparẽte, qui pourroit eſtre ſi ſtupide que de les meſpriſer? Non non, ie preuoy qu'elles ne ſeront iamais priuees de l'eſtimation que l'on fait d'elles: Voyla pourquoy il me ſemble qu'elles ſont cauſe que l'on pourroit faire vn grand party en France, ſi le Roy vouloit faire vn Edit, par lequel tous ceux qui portent la botte & n'ont point de cheual, eu eſgard à ce que marchans par la ville chacun croit qu'ils en ayẽt vn, & pour ce ſujet à meilleure opinion d'eux, & auſſi qu'il ne leur couſte rien en foin & en auoine, fuſſent contraincts de financer tous les ans aux coffres du Roy le quart de l'argent qu'il leur couſteroit à nourrir vne monture: car quand aux moyens qu'il faudroit tenir pour

empeſcher

empeſcher que perſonne ne cõtreuint à vn ſi bel edict, il y a vn certain bailleur d'aduis en tiltre d'office qui les feroit voir, & donneroit la maniere d'eſtablir vn bureau où les bottes ſeroient deliurees auec les lettres, octroyans permiſſion de les porter, en payant la ſomme qui ſeroit arreſtee. Ie ne ſçay ſi Meſſieurs de la ſauaterie ne s'opoſeroient point à cela pour l'intereſt qu'ils y ont, & ſi pluſieurs autres perſonnes de qualité ne ſeroient point extrememẽt faſchees de cet edit. O vous Cheualiers de la Samaritaine, Courtizans du cheual de bronze, dont les vns portans vne longue eſpee au coſté ſçauent pourtant mieux ioüer d'vne courte dedans la preſſe, & dont les autres deſrobent les manteaux la nuict, vous eſtes cõtraints de battre tous les iours le paué de la ſemelle de vos bottes, afin qu'elles trompent ceux qui ne vous connoiſſent pas, & qu'elles vous ſeruent comme de paſſe-port & de fideles compagnes en tous les lieux où vous allez pour exercer voſtre meſtier, comme à la foire S. Germain, à l'hoſtel de Bourgõgne, à la place Dauphine, aux brelans, aux cabarets, & aux academies d'amour; Ne seriez vous pas marris s'il vous falloit dõner de l'argẽt pour auoir permission de porter ce que vous pouuez maintenãt porter librement ? Neantmoins puis qu'il y va de vostre gaigne -pain vous seriez bien forcez d'obtenir des lettres à quelque prix que ce fust. Je connoy à Paris plusieurs muguets de toutes conditions qui feroient le mesme: car tant riche puisse estre vn vestement, il n'honore pas vn hõme qui n'est point botté: car s'il est d'vne estoffe noire, l'on donnera aussi tost à celuy qui le porte, le titre de Sire & de Bourgeois ; & s'il est d'vne estoffe de haute couleur, celuy qui en sera reuestu sera pris pour vn ioüeur de violon ou pour vn basteleur, & specialemẽt s'il porte vn bas de soye d'vne autre couleur differente. C'est dõc vne necessité aux braues hommes de se botter s'ils veulent paroistre ce qu'ils sont, & à beaucoup d'autres pour paroistre ce qu'ils ne sont pas. L'on me pourra rapporter l'esclandre qui arriua dernierement à vn certain homme dedans l'vne des meilleures villes de la Frãce, afin de me prouuer que ceux qui portent des bottes comme il falloit sans monter iamais à cheual, sont dignes d'estre mocquez de tout le monde. Il faut que i'en face le cõte pour mõstrer qu'il n'y a rien en toutes ces parties qui nous doiue desgouster de l'vsage d'vne chaussure si bien-seante. Ce gentil personnage se disant descendu d'Amadis de Gaule vouloit tousiours maintenir sa noblesse, encore que comme plusieurs autres il n'eust pas beaucoup de moyens, il n'y a desia point de mal à cela (ie m'en rapporte aux plus iudicieux) il treuua donc l'inuention bonne d'achepter vne paire de bottes, & de les porter tousiours afin de paroistre de la mesme sorte que l'on fait à Paris. Il les fit racoustrer quand elles furent vn peu vsees, se tenant au lict cepẽdant, & puis il recommẽça de plus belle à cheminer à pié par la ville, ce que voyant quelques vns de ses concitoyens qui ne sçauoient ce que c'est que d'honneur & de courtizanie, ils se resolurent de luy iouer vn mauuais tour, & accosterent de certains

Sergens, qui ayans fait le complot auecques eux, s'en allerent vn iour le prendre au collet dedans vne ruë, & luy dirent qu'ils auoient charge de le mener prisonnier, parce qu'il auoit le matin tué vn ieune enfant en faisant bondir son cheual. Luy qui estoit innocẽt comme vous pouuez penser, le nie auecque iuremens, & n'ose pourtant dire qu'il n'a de tout le iour esté à cheual, à cause qu'il est botté. Mais enfin quãd il fut deuant le Iuge, il fut contraint de dire qu'il n'y auoit de sa vie monté, & qu'il n'auoit garde d'estre coulpable du crime dont l'on l'accusoit. Aussi le bon homme fut-il renuoyé absous, & ceux qui veulent blasmer l'vsage des bottes, disent qu'il est encore incessamment mocqué pour en auoir porté sans estre à cheual. Cela n'est pas vray toutefois, & quand cela seroit, il faudroit considerer que les personnes qui luy ont voulu faire vn affront, & qui font encore maintenant des risees de luy, sont si abiectes & si stupides, que c'est vne gloire que d'estre mesprisé d'elles, d'autant qu'elles ne mesprisent que ceux qui ne leur ressemblent point. On me dira que la botte est fort malaisee à deschausser, & que dernierement vn des plus grands Seigneurs de la Cour qui en porte de fort estroites en se faisant desbotter par vn sien valet de chambre, luy donna vn tel coup de pied qu'il luy fit sortir l'œil de la teste, se faschant de ce qu'il ne deliuroit pas sa jambe assez tost à son gré de la prison où elle estoit: mais les bottes ne furent point cause de cet accident, qui doit estre seulement imputé à l'impatience de ce Seigneur. D'auantage, l'on raconte qu'vn Baron ayant rencontré dedans vn bois vne fille de village qu'il aymoit, donna son cheual à garder à ses gens, & la mena en vn lieu escarté, où il voulut cueillir cette aymable fleur pour qui nous souffrõs d'estre piquez de tant d'espines; Et que la ieune fille le pria de permettre qu'elle le debottast auant qu'il iouist d'elle (pensez qu'elle auoit peur que ses esperons deschirassent sa cotte, ou bien qu'elle luy vouloit donner à entendre que pour cheuaucher vne telle beste qu'elle, il n'estoit pas besoin d'estre botté ny esperonné) & que l'ayant fait asseoir sur vne butte de terre, elle luy tira ses bottes, puis s'enfuist vistemẽt, & s'esloigna en peu de temps de luy, cependant que s'estant releué tout d'vn coup pour courir apres elle, il estoit cheu au premier pas qu'il auoit fait, & auoit receu des marques au visage entre des espines, qui luy osterent toute sorte d'enuie de poursuiure ses amours. Mais quoy que c'en soit, les bottes ne doiuẽt point estre accusees d'auoir esté cause du mal-heur qui luy arriua, car sa seule sottise fut l'instrument de sa ruïne. Ne deuoit-il pas considerer qu'vn Amant accort ne doit iamais laisser eschaper son remede lors qu'il le peut vne fois tenir entre ses bras comme il faisoit ? Quelques vns disent que n'y ayãt riẽ en tous les accoustremens qui puisse contenir quelque chose de liquide sinon les bottes, elles ne sont propres qu'à retenir les matieres que le ventre est quelque fois pressé de ietter : Mais que leur nez en puisse-t'il estre parfumé ! Belles bottes, ne craignez point la dent enuieuse de ces mesdisans, vous serez tousiours cheries & estimees: Vous auez assez de supposts qui prendront vostre querelle, & ne mãquerez point de soldats qui marchent sous vostre enseigne. C'est auecque vous que ceux qui courẽt les benefices font vne telle diligẽce qu'ils attrapent le friãd morceau apres lequel souspiroit leur ame, & c'est encore auecque vous que plusieurs vont en cõmission, & en marchandise, & font d'autres voyages qui leur aportent vn grand proffit dont ils vous sont redeuables. Ie croy que desia les merueilles que vous produisez sont espanduës par tout le monde, & que ce que i'ay dit à vostre loüange a seruy de beaucoup à vous acquerir de l'estime : car i'ay bien cette bonne opinion de moy mesme, que de croire que mes paroles peuuent accroistre & diminuer à mon gré le prix de toutes sortes de choses, & que ce discours volant iusques au nouueau Monde, les hommes les plus sauuages auroient la curiosité de connoistre nos lettres, principalemẽt afin de le pouuoir lire & d'aprendre les vtilitez que vous apportez à nous autres, lesquelles ayãs bien conſiderees, il leur prendra enuie de iouyr de voſtre belle chauſſure, quoy qu'ils ayent accouſtumé d'aller tous nuds. Or ne m'eſtes vous pas obligees de peu; car i'ay pẽdu au croc vn admirable ouurage que i'auois commencé, & me ſuis mis à trauailler à voſtre gloire; Cela fera que deſormais il n'y aura pas vn Cordonnier qui ne me reſpecte, & qui ne s'offre à me chauſſer à credit, en conſideration de ce que ie ſeray cauſe qu'il gaignera plus que iamais, & qu'il vendra des bottes à tous les Bourgeois qui vont à l'entrée du Roy. Ie penſe auoir aſſez dit de choſes pour cet effect, & qu'il ne me reſte qu'à aduertir comme ie fay maintenant, tous ceux qui n'ont point de cheual, de marcher hardiment bottez pendant ce froid-cy, d'autant que l'on ne laiſſera pas de croire qu'ils en ont vn, & que deſirans s'eſchauffer en allant à pied, ils l'ont laiſſé dedans l'eſcurie.

FIN.

www.ingramcontent.com/pod-product-compliance
Ingram Content Group UK Ltd.
Pitfield, Milton Keynes, MK11 3LW, UK
UKHW020502220726
13923UKWH00006B/2701